PÉTITION AU SÉNAT

ADRESSÉE

Par M. SOURIGUES, Propriétaire du Journal l'ÉCLAIREUR FINANCIER

41, rue Laffitte, à Paris

MODIFICATIONS A INTRODUIRE

DANS LA

LOI SUR LA PRESSE

CONTRE

LA FRAUDE ET LA TROMPERIE

COMMISES PAR LA VOIE DES JOURNAUX

DANS LES OPÉRATIONS FINANCIÈRES

PARIS

IMPRIMERIE DE L. GUÉRIN

26, RUE DU PETIT-CARREAU

MODIFICATIONS A INTRODUIRE DANS LA LOI SUR LA PRESSE

CONTRE

LA FRAUDE ET LA TROMPERIE

COMMISES PAR LA VOIE DES JOURNAUX DANS LES OPÉRATIONS FINANCIÈRES

PÉTITION AU SÉNAT

ADRESSÉE

Par M. SOURIGUES, propriétaire du journal l'ÉCLAIREUR FINANCIER

41, rue Laffitte, à Paris

Paris, le 1ᵉʳ novembre 1869.

MESSIEURS LES SÉNATEURS,

J'ai l'honneur de solliciter l'appui du Sénat, en vue d'obtenir qu'on introduise, dans la loi sur la presse, des modifications qui soient de nature à empêcher ou, au moins, à paralyser la fraude, la tromperie et le dol, dont les journaux pourraient se faire et dont certains d'entre eux se font impunément, aujourd'hui, l'instrument.

Sans parler de la démoralisation des esprits que pourrait engendrer le spectacle des scandaleuses supercheries auxquelles on a trop souvent recours, pour attirer les capitaux, par la voie de la presse, vers des affaires mauvaises ou douteuses, il importe de sauvegarder les épargnes du peuple et des pères de famille, en donnant à chacun le droit et la possibilité de combattre et de démasquer, *en temps utile*, l'erreur qui est exploitée au moyen de la publicité.

La liberté de la presse ne saurait être le droit, pour quelques-uns, de s'enrichir des dépouilles d'autrui; et il y va, pour les journalistes, non point seulement de l'honneur de leur profession, mais de leur intérêt bien entendu, qu'il soit possible au propriétaire d'un journal de vivre honnêtement du commerce de sa feuille; ce qui exigerait qu'on empêchât ses concurrents d'exploiter impunément la leur par le mensonge et la vénalité. Le journalisme, tel qu'on le voit pratiquer de nos jours, à l'occasion des affaires financières, ne saurait durer encore longtemps sans soulever contre la presse l'opinion de tous les honnêtes gens ; et je plaide la cause de la liberté, quand je demande une loi qui assure à tous les citoyens : la réciprocité des droits et l'égalité des moyens, en matière de publicité.

§

(Un échec ne me décourage pas.)

Messieurs les Sénateurs,

C'est la seconde fois que j'ai recours à vous. Il y a sept ans, j'ai eu l'honneur de vous adresser une pétition qui n'a pas obtenu votre assentiment ; et Dieu sait s'il en est un seul d'entre vous qui ne voudrait aujourd'hui avoir fait prévaloir ce que je demandais ! Combien de centaines de millions eussent pû être épargnés à la France ! combien de fâcheux exemples eussent été évités, si ma proposition de 1862 avait été prise en considération par le Sénat ! Hélas ! ce que je prévoyais alors ne s'est que trop réalisé !

Je demandais simplement — « que les sociétés étrangères qui *voudraient* faire coter ou négocier leurs titres en France, fussent soumises, pour les garanties à donner au public, aux conditions imposées par nos lois aux sociétés françaises. » — Il me paraissait impolitique, injuste et immoral, qu'on pût impunément, sous un titre étranger, soutirer notre argent à l'aide de procédés qui sont défendus et même quelques-uns *punis* par nos lois, quand ils émanent de sociétés constituées en France.

Le Sénat a-t-il pensé différemment que moi au sujet des considérations que je lui présentais ? Je ne le crois pas. C'est pour d'autres motifs qu'il s'est déterminé, quand il n'a pas accueilli favorablement ma pétition. Je ne la renouvelle pas. Je me soumets à la décision que, dans sa haute sagesse, il avait jugé devoir prendre. Je laisse à d'autres le soin de faire renaître la question, si cela paraît utile ; au temps et aux faits celui de rallier les opinions à la cause que j'aurais désiré voir triompher plus tôt.

§

(Importance de la réforme demandée. — Punir la fraude ne préserve pas du mal.)

Messieurs les Sénateurs,

Ma demande d'aujourd'hui est d'une plus grande importance que ma requête de 1862. Il ne s'agit pas cette fois de sauvegarder les intérêts du public français dans les affaires d'origine étrangère seulement, mais bien dans celles de toute origine.

Ce n'est pas l'application rigoureuse des lois existantes que je crois seulement nécessaire, c'est une transformation de la loi sur la presse qui me paraît indispensable, si l'on veut empêcher le mal que je signale et qui va se développant chaque jour, alors qu'on le voit si ostensiblement toléré ou demeurer impuni.

La loi permet, il est vrai, de sévir contre celui qui pratique la fraude et la tromperie dans un appel de fonds fait au public. Elle permet aussi d'atteindre les complices du délit, et, sous ce rapport, aucune complicité ne paraît plus effective que l'acte du journaliste qui vend ses réclames, ses panégyriques, les excitations de ses bulletins financiers, la publicité de sa feuille, pour aider *sciemment* au succès de la manœuvre coupable. Il n'est pas un journaliste honnête qui n'approuvât cette manière d'apprécier le rôle de la presse dans les affaires qu'on présente par la voie de la publicité. Mais à quoi sert, après tout, pour le malheureux qu'on a ruiné, l'existence d'une loi qu'on n'applique pas, ou qu'on applique seulement quand il n'est plus temps de rien sauvegarder ? Le père de famille qui a été dépouillé s'inquiète rarement de la punition qu'on pourrait infliger aux délinquants. Le rétablissement de sa fortune l'intéresserait davantage, et, puisqu'il n'est presque jamais possible de réparer le mal accompli, c'est à l'éviter qu'il faut tendre. C'est justement où je vise ; et on ne saurait arriver au but plus efficacement que par une modification de la loi sur la presse.

§

(Isolement.)

Les exemples abondent où la tromperie n'a pû réussir que grâce au concours de la presse. Faut-il en citer quelques-uns ? C'est à l'intention de les recueillir et d'en faire un argument à l'appui de ma thèse que j'ai fondé l'*Éclaireur financier*. Combien de cas se sont présentés depuis un an seulement, sans remonter plus loin, où les supercheries les plus habiles, les réticences les plus calculées, le silence le plus systématique, les promesses les plus fallacieuses ont été pratiqués par les journaux, pour favoriser l'émission de valeurs plus que douteuses et faciliter même d'audacieuses tromperies ? Ce serait difficile à croire, si la collection de mon journal n'était là pour en fournir la preuve irrécusable. Mais il est constant que, malgré les appels les plus pressants et les plus réitérés que j'ai faits à la sollicitude des directeurs de journaux pour l'intérêt de leurs lecteurs, dont on avait trompé la bonne foi à l'occasion de diverses souscriptions de valeurs, ils ont volontairement laissé le public dans l'erreur. Cependant, ces appels, je les ai produits au moyen d'articles spéciaux, d'explications, de citations de pièces officielles, de renseignements qui sont demeurés sans réplique ; le tout envoyé à mes frais, plusieurs fois directement et quelquefois même avec accompagnement de lettres spéciales, à l'adresse des personnes intéressées dans la cause, c'est-à-dire de presque tous les directeurs de journaux de France.

Malgré, dis-je, toutes ces tentatives de ma part pour faire connaître la vérité au public, la presque totalité des journaux, au moins parmi ceux qu'on imprime à Paris, ont gardé le silence sur les faits que je leur signalais, et ont ainsi, *volontairement*, laissé leurs lecteurs dans la croyance des erreurs souvent les plus exorbitantes et les plus dangereuses. Pourtant, ces mêmes journaux à qui je m'adressais avaient spécialement contribué à répandre ces fausses énonciations par des annonces, par des réclames dissimulées sous forme d'articles signés de la rédaction ou d'extraits tirés de quelque autre feuille, par des panégyriques spéciaux ou, enfin, par des aperçus et des renseignements publiés dans leur bulletin financier.

Je ne citerai pas ici les journaux auxquels je fais allusion. Je préfère leur laisser le mérite et la possibilité de produire une explication qui fasse excuser leur attitude. Un grand nombre d'entre eux parmi les plus répandus, réputés des plus sérieux et des plus honnêtes, ont été déjà cités nommément dans l'*Éclaireur financier*. Républicains purs comme bonapartistes, légitimistes comme orléanistes, journaux irréconciliables et journaux gouvernementaux, ils peuvent tous invoquer, s'il leur plaît, la sincérité de leur foi politique; mais comment convaincront-ils le public de leur impartialité en affaires de finance ? Et qu'adviendrait-il de leurs théories politiques, si le public, trompé, exploité, ruiné par leurs agissements, en matière d'opérations financières ou par les actes de leur commerce de réclames, se prenait à douter du désintéressement des rédacteurs dans les renseignements d'affaires qu'ils propagent? La mauvaise foi, la vénalité, l'improbité même, introduites dans la politique, ne sauraient être, pourtant, aussi pernicieuses et aussi blâmables que si elles s'exerçaient en matière d'affaires où elles entraîneraient la ruine des lecteurs trop confiants, de bonne foi ou peu éclairés.

§

(Rareté des exceptions. — Un premier succès.)

Deux seulement, parmi les grands journaux de Paris, ont, à ma connaissance, pris en considération les appels que, par un sentiment de bonne confraternité à leur égard, l'*Éclaireur financier* avait cru devoir faire à tous les organes de la presse politique et financière.

L'*Univers* a déclaré qu'il n'avait pas voulu publier les annonces de la souscription aux bonds du Transcontinental; et la *Démocratie* a fait plus : M. Chassin y a cité, en l'approuvant, un des principaux articles où l'*Éclaireur financier* traitait de la complicité des journaux en matière de publicité financière. Il est juste d'ajouter que, dès l'apparition de ce dernier article, quelques-uns des principaux journaux, parmi lesquels le *Journal officiel* en tête, et à sa suite la *Presse*, le *Journal des Débats*, le *Moniteur universel*, le *Siècle*, la *Patrie*, la *France*, la *Liberté*, ont adopté spontanément une partie des réformes que je proposais et inscrit en gros caractères, en tête des réclames qu'ils ont publiées depuis lors, un titre tel que : « *Avis et communications diverses* ou *insertions financières*, » de manière à prévenir le lecteur que la réclame n'était point un article émané de la rédaction du journal, mais simplement une annonce payée à tant la ligne. Cela montre que la partie honnête de la presse approuverait, en partie du moins, les réformes dont je demande l'adoption. Malheureusement, les journaux que je viens de citer n'ont pas plus que d'autres, rétracté les erreurs qu'ils avaient déjà publiées; ni mis le public en garde contre toutes les fausses promesses auxquelles ils avaient, plus ou moins, contribué à donner créance! De sorte que, tel de leurs abonnés, qui n'a lu que le journal qu'il *paye* pour être bien renseigné par lui, ignore encore aujourd'hui la vérité sur *des faits*, de la plus haute importance, dont l'*Éclaireur financier* a démontré publiquement la *fausseté matérielle*.

§

(Résumé de ma demande.)

En résumé que demandé-je ?

En matière d'entreprises industrielles ou commerciales et de toutes opérations financières où il est fait appel aux capitaux au moyen d'une publicité quelconque :

1° Liberté absolue dans les théories et appréciations du journal; mais à la condition qu'il ne discute que sur des faits *vrais*, des calculs *exacts*, des chiffres *justes*, et sans taire ou dissimuler aucune des conditions essentielles de l'opération proposée ou critiquée. La mauvaise foi du journaliste ne devant, en aucun cas, être préjugée;

2° Publicité loyale, impartiale et honnête, sous quelque forme que le journal y concoure. Par suite, obligation pour le directeur du journal d'admettre *immédiatement* et à la requête de *toute personne* même désintéressée dans la question :

A — Telle annonce qui serait présentée, moyennant qu'on la payât au prix d'un tarif déterminé, s'il s'agit de répondre à une autre annonce déjà parue dans le journal.

B — Telle réclame payée au prix d'insertion, s'il s'agissait de répondre à une réclame.

C — Telle rectification des *calculs* et des *faits* déjà produits ou énoncés par lui, comme aussi telle énonciation de *faits* essentiels qu'il aurait omis ou dissimulés dans ses appréciations concernant la situation d'une entreprise quelconque ou la valeur d'un titre négociable ; ladite notification ou énonciation, en réplique à un article de la rédaction, devant être, en ce cas, publiée ou mentionnée *sans frais*, dans le corps du journal.

Ces contre-annonces, contre-réclames, rectifications et énonciations, devraient être accueillies et publiées *immédiatement* sous la responsabilité personnelle et pécuniaire de leur auteur seulement; et, en cas de refus de la part du directeur du journal, celui-ci serait alors rendu responsable des consé-quences de sa résistance et, au besoin, passible d'une peine et de dommages-intérêts envers les tiers intéressés, dans les conditions que la loi aurait déterminées. En un mot, il serait frappé, comme complice des actes à la réalisation desquels il aurait contribué volontairement par l'intermédiaire de son journal. — L'auteur des articles incriminés devrait aussi assumer une part de responsabilité.

A ces conditions, le directeur du journal ne serait tenu à aucune responsabilité personnelle pour les annonces et réclames qu'il aurait publiées, quand ni les unes ni les autres n'auraient donné lieu à aucune demande de rectification, et pourvu que les réclames fussent toujours signalées par une désignation quelconque, comme des articles payés. Il ne serait pas non plus responsable des erreurs énoncées dans les articles de la rédaction, *antérieurement* aux demandes de rectification qui lui seraient adressées. L'erreur, en ce cas, étant toujours supposée commise de bonne foi, et la discussion d'une affaire ne pouvant pas être complète si le public ou la compagnie en cause pouvait rendre un journaliste responsable d'une appréciation faite de bonne foi, l'éloge fût-il outré ou la critique violente, avant qu'on n'ait mis l'écrivain en demeure et à même de rectifier son dire.

Enfin, comme dans ce que‿nous demandons, il s'agirait de *faits* à rectifier, et non point d'appréciations qui sont du domaine de l'esprit et du sentiment ; la matérialité des *faits* ne permettant pas d'interprétation, la preuve de leur existence ou de leur fausseté devant ressortir d'un débat contradictoire, les tribunaux auraient, bien entendu, le droit d'exiger l'insertion, dans le journal, de la réfutation du fait faux ou de la divulgation du fait dissimulé. Comme on impose aujourd'hui l'insertion des communiqués du Gouvernement et la publication des lettres des particuliers attaqués par un journal, on imposerait la rectification, pourvu qu'elle fût *juste* et utile, demandée par le *premier venu des citoyens* ; toute personne qui est appelée à lire un journal étant exposée à être victime de sa foi en lui, et pouvant, dès lors, se dire intéressée personnellement dans la question.

Si l'erreur ne peut pas être rectifiée à la demande de *celui qui l'aperçoit le premier*, on n'empêchera presque jamais le mal de se produire ; l'homme trompé, n'ayant pû l'être, précisément, que pour n'avoir pas connu la fraude *en temps utile*.

§

(Efficacité des moyens. — Question de vie pour la presse honnête.)

Existe-t-il un journaliste honnête qui puisse ne point approuver ma proposition ? Est-il une personne équitable qui ne se trouvât satisfaite des garanties que je détermine contre les dangers de la fraude, de la tromperie et de la mauvaise foi ?

Le moyen que j'indique serait-il d'une application facile dans la pratique ? Oui ! l'*Éclaireur financier* s'y est soumis librement et volontairement, par le programme inscrit en tête du journal ; et, depuis que l'*Éclaireur financier* existe, nul ne saurait établir que ces conditions n'y ont pas été fidèlement et scrupuleusement observées.

Les modifications que je demande à la loi sur la presse seraient-elles efficaces pour empêcher le mal que j'ai signalé ? Elles l'atténueraient au moins beaucoup, si elles ne suffisaient pas à le détruire. Elles vaudraient incontestablement mieux, dans tous les cas, que les lois répressives actuelles contre la tromperie, qui sont très-rarement appliquées et qui, d'ailleurs, si même on les appliquait, ne répareraient jamais les pertes éprouvées par les personnes trompées.

La presse honnête peut-elle exister et se développer en l'absence des réformes que je réclame ? Cela me paraît difficile, sinon impossible. L'*Éclaireur financier* s'est trouvé placé dans des conditions exceptionnelles pour réussir comme il l'a fait, grâce à la notoriété de son directeur, acquise par suite de nombreuses circulaires traitant des questions financières, publiées et distribuées gratuitement, durant cinq années, à un nombre considérable de correspondants, répartis sur tous les points de la France. J'ai pû faire, indépendamment de cela, des dépenses importantes, soutenu que j'étais par le désir d'atteindre au but que je me suis proposé : le triomphe d'une idée juste et la certitude d'être utile au pays.

Placé dans une situation de fortune qui m'a permis de rester indépendant, j'ai entrepris une tâche ingrate et difficile. On a trouvé quelquefois que je ne l'accomplissais pas sans courage. Son utilité a été démontrée par la passion et les colères que j'ai soulevées, par les invectives que je me suis attirées. Mon attitude et ma franchise m'ont suscité des inimitiés, là où j'aurais trouvé des auxiliaires si je l'eusse voulu. Mes intérêts en ont souffert et en pourront souffrir encore. Sous le rapport du lucre, rien, dans la voie que je suis, ne pourrait me faire retrouver l'équivalent de ce que j'aurai ainsi volontairement dépensé, perdu et manqué de gagner. Mais, si je parviens à obtenir la réforme que je demande je me trouverai suffisamment récompensé de ma peine. Et, qui sait, après tout ! peut-être que, par le commerce honnête et régulier d'un journal financier, je pourrai, plus tard, sous le régime d'une concurrence loyale avec l'égalité des droits et des devoirs, trouver la compensation d'une partie des sacrifices que j'aurai faits pour l'établir.

Mais, si le chantage et la vénalité peuvent être impunément pratiqués dans la presse, si les lois déjà existantes sur la matière ne sont pas appliquées strictement à tous, et font place, dans certains cas, à la tolérance, j'affirme qu'un journal financier honnête ne pourra pas vivre et prospérer, à moins de circonstances tout-à-fait exceptionnelles ; parce qu'il sera dans l'impossibilité de soutenir la concurrence des journaux moins scrupuleux que lui.

§

(Point d'inégalité devant la loi. — L'existence du mal démontrée par les faits accomplis.)

Les produits avoués et honnêtement gagnés d'un journal se composent du prix des abonnements et des annonces. Chez quelques-uns on joint à ces sources de revenu une part de commission prélevée sur les opérations d'achat et de vente de titres exécutées pour compte des clients ; et enfin, particulièrement depuis quelques années, les directeurs de certains autres journaux se chargent de faire ostensiblement ou de diriger en secret l'émission des titres des Sociétés industrielles et financières, ou de s'associer à ces opérations. Parmi ceux qui ont eu plus particulièrement recours à ces opérations d'émission de valeurs ou qui s'y sont intéressés, on s'accorde à compter les directeurs du *Moniteur des tirages*, de l'*Epargne*, de l'*Union des Actionnaires*, du *Journal financier*, de l'*Industrie*, de la *Sûreté financière*, du *Journal des Actionnaires*, du *Journal des Chemins de fer* ainsi que ceux de vingt autres journaux moins connus, et aussi ceux de la *France*, du *Constitutionnel* et de la *Liberté*, ces trois derniers formant ensemble le groupe dit de la *Semaine financière*.

*
* *

Eh bien ! supposez, Messieurs les Sénateurs, que, les lois existantes n'étant pas appliquées régulièrement, un journal ou quelques journaux, se risquant à profiter d'une tolérance arbitraire, se permettent de faciliter des opérations interdites ou auxquelles d'autres journaux ne voudraient pas concourir ! il en résultera pour les premiers un élément de profits qui aura échappé à leurs concurrents. C'est ainsi, par exemple, que le placement des obligations de l'emprunt de la Ville de Bary, — véritables billets de loterie, divisés en petites coupures afin de s'adresser à la plus petite épargne, et où la *moitié* du capital versé est gagnée par l'emprunteur, qui en consacre seulement la seconde moitié à des lots et aux charges de l'emprunt, — c'est ainsi, dis-je, qu'un journal plus hardi que les autres, a pû, pendant plusieurs mois, pousser *ouvertement* sa clientèle à l'achat de ce titre et y gagner une commission qui a dû s'élever facilement à plusieurs centaines de mille francs.

** **

Admettez que la loi sur la presse ne soit pas modifiée dans le sens que j'ai indiqué, il arrivera, journellement, ce qui s'est déjà produit tant de fois et que l'*Eclaireur financier* a constaté : tel journal ouvrira boutique pour faire commerce de valeurs à lots étrangères, qui ne sont pas cotées en France et qui, par la variété et le nombre des coupures, des lots et des époques de tirage, permettent de constituer une sorte de loterie permanente, à la portée de tous les goûts et de toutes les bourses! Par sa propagande, le journal attire le chaland; par une cote arbitraire où les prix courants sont faussés de 15 à 30 et même quelquefois, de 45 0/0, — comme l'*Eclaireur financier* l'a *constaté publiquement*, sans que le fait signalé ait été *contredit*, mais aussi sans que les cours *faussés aient été rectifiés*, — le client est induit en erreur sur la valeur des titres qu'il achète;... combien de centaines de mille francs et même de millions est-il facile d'amasser à ce commerce?...

** **

Tel autre, qui traite avec une Compagnie pour lui écouler un solde de titres non placés, annonce ouvertement qu'il a racheté tous les titres existant sur le marché, qu'il n'en reste plus et que lui seul, qui en a, les offre à un prix désigné. — L'*Eclaireur financier* prévient ses lecteurs que l'absence de cote officielle a pû seule permettre l'offre ainsi faite du titre en question; mais qu'on pourrait se procurer, sur le marché de la coulisse, *des mêmes*, à 20 0/0 plus bas que le prix indiqué par le premier journal. Là-dessus : injures et invectives à notre adresse, silence absolu et complaisant de la plupart des autres journaux. Mais la vérité ne s'éteint pas au souffle des colères que sa divulgation soulève. Nous fournissons la preuve que l'*Eclaireur financier* a eu raison; et, à quelques jours de là, le public apprend, par le journal lui-même, l'*Union des Actionnaires*, qui disait avoir tout acheté : « Que la Compagnie a encore 85,000 titres en mains restant à placer. » — Et le titre dont il s'agissait, obligation Simplon, a baissé plus encore que je ne l'avais dit.

Naguère encore, une annonce, émanant d'une autre maison, s'étalait dans les journaux, offrant ce titre à 245 fr., et, chaque jour, la dispense d'inscrire une valeur à la cote officielle, *facilite* des abus aussi scandaleux! — Tout récemment, un brave et honnête homme qui nous écrivait n'avoir lu jusque-là qu'un journal financier, nous communiquait le bordereau d'un achat d'obligations Trouville fait pour son compte à 250 francs, dans le courant du mois d'août dernier, alors que cette valeur perdait déjà 100 fr. sur ce prix. Et nous avons eu très-souvent la preuve de faits analogues.

** **

S'agit-il d'émissions entreprises ou favorisées par tels ou tels journaux. Ici la vérité est faussée, dénaturée ou cachée, avec un sans gêne qui peut s'expliquer seulement par la confiance du journaliste en l'impunité. J'entends quelquefois des personnes, initiées aux mœurs de la presse, s'étonner qu'on puisse prendre des gens aux piéges de la réclame. Je m'étonne, moi, qu'il n'y ait pas beaucoup plus de victimes ! — Quand les journaux les plus en renom affirment *un fait*, — qui doit être ou n'être point, mais sur la nature duquel le doute ne pourrait pas exister après examen, — quand, mis en demeure de le rectifier, ils *gardent un silence systématique*, si un seul, comme il nous est arrivé de l'être plusieurs fois, déclare ce fait faux et dit la vérité : comment le public ne serait-il pas trompé ?... Comment l'homme intelligent, mais honnête et de bonne foi, pourrait-il supposer ni admettre qu'une telle unanimité d'affirmations osât se produire pour énoncer un fait faux ? Pourquoi donc croirait-il à la bonne foi, à la sincérité, à l'intelligence d'un seul, qu'il ne connaît pas, plutôt qu'à celles de tous les autres ?... — Nous disons, nous, que le public, dans une telle conjoncture, doit forcément croire au dire du grand nombre ; et cela, d'autant plus que l'intelligence se refuse à comprendre qu'un homme sérieux puisse s'exposer à affirmer *un fait faux*, quand il sait que, au moindre examen, on découvrirait le mensonge.

*
* *

Les actions d'un chemin de fer sont mises en souscription. La Compagnie émissionnaire ne veut pas se compromettre ; elle explique, par un raisonnement vrai, que la ligne jouit d'un certain produit garanti ; il s'agit là d'un *maximum*, mais elle ajoute qu'un traité à forfait assure la construction du chemin pour une somme déterminée, auquel cas l'action aurait elle-même un revenu assuré. — Tout est vrai jusque-là. Mais la garantie du revenu de l'action disparaît si le traité de construction vient à être modifié plus tard. C'est ce qui est *toujours* arrivé ailleurs jusqu'ici. Chemins de l'Est, de Genève, Victor-Emmanuel, Romains, Pampelune, Nord-Espagne, Saragosse, Séville-Xérès, Barcelone, Canal de Suez, Béziers, etc., partout la dépense prévue a été dépassée, malgré les plus formelles promesses du contraire, malgré les traités *à forfait*. Et les entrepreneurs *ne s'y sont pas ruinés!* — Personne cette fois, pas plus que les autres, ne consent à garantir que le traité à forfait sera fidèlement rempli. *La garantie* d'un revenu pour les actions est donc une garantie *éventuelle*. Les bulletinistes des journaux en font une garantie *positive*. Ils omettent de parler des détails du compte présenté par la Compagnie. Ils se bornent à poser la conclusion en *fait*, qu'ils affirment ! — Comment le lecteur, qui ne voit nulle part ailleurs un démenti, pourrait-il se douter qu'on a dissimulé la vérité ?

*
* *

La loi précise que le capital des Sociétés anonymes par actions, s'il dépasse 200,000 fr., doit être divisé en coupures de 500 fr. au moins. Le rapporteur de la loi a expliqué suffisamment le but de cette prescription, souvent très-gênante pour le succès d'un appel de fonds fait à l'épargne du public. Mais on tourne la difficulté. Une Société inscrit son chiffre de capital *nominal*, divisé en actions de 500 fr. valeur *nominale* et elle émet ses titres à 300 fr. Aussi bien aurait-elle pû les émettre à 100 fr.!... La loi est-elle violée ? Je n'ai pas à l'établir. Je me borne à signaler un fait accompli : Il y a là un titre de 300 fr. valeur *effective*, avec l'appât d'une prime au remboursement indiqué à 500 fr., laquelle prime les actionnaires d'une Société ne pourraient obtenir qu'en se la payant à eux-mêmes ; et enfin, pour les tiers qui feront crédit à la Société, comme des obligataires, l'énonciation d'un chiffre de capital à *un million*, par exemple, tandis que, en réalité, le capital social reçu ou à recevoir ne s'élèverait qu'à 600,000 fr.

L'Éclaireur financier constate le fait existant. Les autres journaux se taisent ; et le public souscrit. Mais, si cela peut s'accomplir ainsi, ce que nous ne blâmerions pas à la condition que le public fût informé de la vérité, au moins faudrait-il permettre à tout le monde d'en faire autant, et modifier, en ce sens, le texte de la loi. — En matière d'intérêts, la tolérance en faveur de quelqu'un est la pire des injustices qu'on puisse commettre à l'égard de ceux qui veulent respecter les lois.

§

(Que pourrait un contre mille ? Mon procès aux régisseurs des annonces).

Un journal n'a que ses seuls lecteurs. Que peut-il donc faire, pour éclairer les lecteurs de cent autres journaux de Paris et de mille journaux de la province, quand les bulletins financiers, de ces derniers eux-mêmes, sont généralement affermés à un correspondant parisien qui les exploite, comme on le fait des annonces à la régie de MM. Laffitte et Bullier ?

Un jour, j'ai voulu appeler l'attention du public sur un article de l'*Eclaireur financier*. **On a refusé mon annonce** aux régies de tous les grands journaux de Paris, et chez MM. Laffitte et Bullier, à la régie de quatre cents des principaux journaux de province. La question est portée devant les tribunaux. Ai-je le droit d'exiger l'insertion ? Je n'en suis pas certain. Mais, qu'on me donne tort ou raison, voilà déjà huit mois que le procès est engagé ; la solution définitive, avec les appels, pourra se faire attendre deux ans. Et, si je gagne le procès, les gens que je voulais avertir auront eu le temps d'être ruinés, avant qu'ils n'aient pû se douter de ce que je voulais leur dire.

Qu'était-ce donc ? mon Dieu ! simplement ceci : que, dans l'affaire dite des Obligation-Trouville, — où l'on a annoncé l'émission de **10,000,000** de fr. en obligations *hypothécaires*, avec revenu de 7 0/0, prime de remboursement, etc., ce qui était extrêmement beau, — le capital social du *débiteur* (de la compagnie *qui est anglaise limited*), s'élève à **cinquante mille francs**. Voilà tout !... L'*Eclaireur financier* l'a dit ; mais les autres journaux qui ont reçu le prix des annonces et des réclames ?...

Il n'y a pas deux mois que le journal qui a lancé l'affaire (*Moniteur des tirages*) la disait encore excellente ; mais les souscripteurs de l'Obligation-Trouville ignorent encore qu'ils ont pour débiteur une compagnie dont le premier acte indispensable d'administration, l'achat du gage, a dû la constituer, par la seule charge des droits à payer, en déficit de dix fois son capital social, et en état de faillite.

Pour obtenir 10,000,000 de fr. à ces conditions, une dépense de 2,000,000 fr. en commissions de banque, frais de publicité et gratifications, doit paraître modérée ; quand un procès récent a établi, par exemple, qu'un banquier journaliste a gagné 2,500,000 fr. de commission au placement d'une partie des obligations et actions de la Compagnie des Lits militaires. (C'est à l'occasion de ce procès que le tribunal de commerce, en se déclarant incompétent pour juger la cause qui lui était soumise, a qualifié les faits dont il était témoin : *Un abus scandaleux de la presse*.)

*
* *

Ici, une Compagnie se constitue au moyen d'apports. Grâce à l'article 4 de la loi de 1867, — qui a détruit, sur ce point, tout l'édifice des lois de 1856 et de 1863 sur les Sociétés, en autorisant l'estimation *sans contrôle* du prix des apports appartenant par indivis aux associés, — on apporte, par exemple, une simple concession, celle des Ports de Cadix, pour **dix millions**. C'est le chiffre du capital social. On émet ensuite des *obligations* ; les journaux vantent la valeur *du gage*, ils ne soufflent pas mot de l'apport et annoncent un capital social entièrement réalisé de 10,000,000 de fr. Ils n'ont pas menti. Mais le lecteur est-il bien informé ?... à ces conditions, combien les fondateurs d'une affaire pourraient-ils consentir à payer les annonces et le *silence* de la presse sans en trouver le prix trop élevé ?...

* *

Dans une autre Compagnie, on apporte des travaux de maçonnerie, de peinture, et jusqu'à de l'architecture en dessins et surveillance de travaux, le tout à livrer dans l'avenir et à effectuer sur des terrains qu'on ne possède pas encore, dont une partie seulement est à l'état de promesse de vente, l'autre partie on ne dit pas où, et qu'on payera sur le produit des obligations qu'on émet en annonçant des titres *gagés sur première hypothèque*. L'*Eclaireur financier* explique bien tout cela ; mais il n'ira pas partout et, si on ne lui répond pas, les lecteurs des autres journaux ne se douteront de rien !... Cela se passe, en effet, ainsi.

Et pourquoi en serait-il différemment ? Le directeur du journal qui a lancé cette affaire (*l'Epargne*) est un des meilleurs clients que les grands journaux puissent avoir pour leur commerce d'annonces ; le contrecarrer dans ses opérations ferait perdre sa clientèle. Et puis, à lui seul, il dispose d'un public considérable, auquel il vend son propre journal le tiers de ce qu'il lui coûte ! s'il allait, par voie de représailles, nuire aux émissions de ses confrères en disant la vérité à son tour ?... Mieux vaut garder le silence, pense-t-on ; et on se tait.

Mais, direz-vous peut-être, Messieurs les sénateurs, cette société, ainsi constituée, est illégale ! C'est possible. J'incline à le penser comme vous. Mais qu'importe ? elle existe. Et, si un jour elle était annulée, le souscripteur, s'il était ruiné, où retrouverait-il son argent ?

* *

Je pourrais continuer à citer des cas où l'on a vu les journaux, les mieux posés dans l'opinion publique, se refuser systématiquement à rectifier les énonciations fausses qu'ils avaient faites ; et, d'une erreur qui eût pû passer, à l'origine, pour leur avoir échappé par inadvertance, faire ainsi une erreur *volontaire*, de leur part, c'est-à-dire un mensonge. Mais, je craindrais de vous fatiguer par des citations trop nombreuses, et je m'arrête.

Ce n'est point seulement en vue de placer des valeurs ou de les pousser vers la hausse qu'on a recours à ces moyens de tromperie, par la voie de la presse : on les met en pratique aussi bien dans les cas où l'on désire pousser les détenteurs d'un titre à le vendre ; et ce second mode de ruiner le public n'est pas moins regrettable que le premier.

§

(Souffrance et humiliation des journalistes honnêtes. — Nécessité de vivre. — Un acte de complicité.)

Le silence systématique des journaux, en présence des ruines qu'ils aident à occasionner, est-il donc pratiqué avec une insouciance complète de la part de tous les directeurs ? Maintenu après des annonces et des réclames, dont on a touché le prix, ne devient-il pas une véritable complicité, qui doit répugner à la conscience du plus grand nombre? N'en doutez pas, messieurs les Sénateurs : il est impossible que les hommes honnêtes, qui dirigent des journaux entourés de l'estime et de la confiance du public, ne souffrent pas de trahir cette confiance, ne se sentent pas malheureux de subir une nécessité aussi pénible. Mais il s'agit pour le journal d'une question d'existence; et tous les hommes ne savent pas pousser l'abnégation jusqu'au sacrifice de l'œuvre même à laquelle ils se sont consacrés tout entiers, et sans la durée de laquelle ils ne pourraient peut-être pas gagner ailleurs de quoi vivre honorablement.

La plupart des rédacteurs se sentent eux-mêmes atteints dans leur considération. Ils souffrent de coopérer, par leur talent et l'honorabilité de leur nom, à créer la force du journal, qui devient l'instrument de fraude et de tromperie à l'aide duquel on ruine le public. Ce n'est point, de leur part, travailler à crocheter la porte, mais c'est aider à forger la fausse clef avec laquelle on l'ouvrira; et ils sont humiliés d'exercer leur profession dans de telles conditions, de toucher pour prix de leurs écrits un argent venu d'une telle source.

Dans la *Réforme* et le *Phare de la Loire*, à l'occasion de la souscription aux bonds Transcontinental, on a dénoncé publiquement une convention qui liait les grands journaux et les obligeait à s'abstenir de toute critique, en ce sens qu'on leur assurait une somme d'un chiffre élevé, pour la publicité *à faire*, en leur déclarant que l'annonce serait retirée à la moindre observation mal sonnante dans la rédaction du journal. Le fait n'a pas été démenti; et M. Mirès, dans la *Presse*, en a avoué l'existence, en prétendant que lui n'a pas voulu se soumettre à une pareille exigence.

C'est ainsi que **quarante millions** ont été demandés au public français, à qui des journaux ont pû dire ouvertement que « la compagnie du Transcontinental est la plus privilégiée de toutes celles des États-Unis; que les bonds en sont gagés sur des terres qui valent 180 fr. l'hectare (*dans le Texas?*) que le gouvernement américain garantit un intérêt de 6 % aux obligations du chemin, que les bonds ont un privilége sur ces obligations, même sur leur revenu, et qu'il y a donc un bénéfice certain à vendre des titres de la rente fédérale américaine 6 % pour en convertir le prix en bonds du Transcontinental! » Combien y a-t-il de souscripteurs qui doivent croire encore que tout cela est vrai, malgré ce qu'en a pu dire l'*Éclaireur financier*, et ce que l'honorable M. Washburne, ministre des États-Unis à Paris, serait empressé de vous en dire, messieurs les Sénateurs, si vous consentiez à vous renseigner auprès de lui!...

(Hélas! un opuscule que la compagnie en cause a publié récemment, et où elle explique sa situation, dispense de la nécessité de prendre d'autres renseignements, si on compare les déclarations de cet écrit aux promesses et déclarations faites, avant et pendant la souscription, par tant de journaux, et notamment par celui chez qui, précisément, la souscription a été ouverte. Mais,... la brochure de la Compagnie a paru cinq mois trop tard.)

La cote officielle et celle des journaux donnent les cours des bonds de 5,000 fr. seulement. On négocie dans la coulisse et en banque, sans publication de cours, des dixièmes de bond, soit des coupures de 500 fr. Tandis que les bonds sont tenus à la cote à 3,700 fr., par exemple, les dixièmes qui, s'appropriant aux plus petites bourses, devraient être plus recherchés que les bonds entiers et cotés au moins 370 fr., se traitent à 70 et 80 fr. plus bas, soit à 300 et 290 fr. ! Anomalie inexplicable; si elle n'était pas trop éloquente !

Supposez une affaire où pareille combinaison de titres et coupures soit aussi pratiquée? Ajoutez-y qu'on pût promettre une garantie de 6 0/0 des Etats-Unis, soit : sur les coupures en dixièmes, un revenu garanti de 30 fr., lequel, au taux actuel du 6 0/0 fédéral (94 fr.), équivaudrait à 470 fr.; si l'on offrait cette coupure à 300 fr. est-il un homme sensé qui hésitât à employer son argent ou, au moins, à vendre la rente fédérale pour en employer la valeur en achats de ladite coupure?

Le chiffre de la rente fédérale émise étant de plusieurs milliards de francs, combien de *centaines de millions* pourrait-on donc obtenir du public en lui offrant une valeur, avec la seule promesse d'une garantie d'intérêt, des conditions de cote comme celles que je viens de constater, et le concours ou simplement le silence complaisant des journaux ?.....

Une commission de banque de 20 à 25 0/0 serait-elle trop élevée pour celui qui se chargerait de faire souscrire une somme à l'aide de procédés pareils, s'il prenait seul la responsabilité des moyens employés?

§

(La concurrence, sous la législation actuelle, rend l'honnèteté trop difficile aux journaux.)

Il ne faut pas, messieurs les Sénateurs, que la loi place des honnêtes gens dans une aussi cruelle alternative, en présence d'excitations aussi fortes. Croyez-le bien! j'ai été long, j'ai dit beaucoup de choses; mais je n'en ai point dit assez pour montrer le mal qui existe dans toute sa profondeur. Je ne l'ai pas voulu; le tableau eût été trop triste!

Consentir seulement à se taire et ouvrir la main suffirait pour s'enrichir, qnand on dispose d'un journal. ! Parler, c'est se priver de clients, c'est la mort de son industrie. L'*Éclaireur financier* reçoit les annonces et les réclames qu'on lui apporte des Compagnies; mais comme il déclare, en même temps, qu'il se réserve d'en dire son avis, on ne lui en laisse à insérer que rarement; quand on n'a pas à craindre l'examen. Telle Compagnie, qui lui a donné à faire des insertions, a cessé de lui en fournir d'autres, parce qu'il a parlé. Telle autre qui annonçait la mise en vente de titres *non cotés*, à un certain prix, voulait *nous refuser le prix de l'insertion*, sous prétexte que nous avions détruit l'effet de sa réclame par nos avis personnels. Pouvions-nous ne pas dire qu'on trouvait des mêmes titres à 20 % meilleur marché ailleurs que chez l'auteur de la réclame, puisque c'était la vérité ? — Le procès eût été curieux. On a fini par nous payer; mais l'annonce, qui a continué ailleurs, n'a plus paru chez nous.

Si tous les journaux étaient forcés, par la loi, de dire la vérité ou de *la laisser dire* par d'autres personnes *dans leurs propres colonnes*, ces réclames ne paraîtraient plus nulle part, ou du moins elles ne produiraient aucun mal ; et tous les journaux, étant placés dans la même situation vis-à-vis des Compagnies, se feraient une concurrence loyale, ces dernières n'ayant plus de motifs, alors, pour exclure les uns plutôt que les autres de leur clientèle.

Le public va au bon marché. Il ne sait pas les secrets du métier. Le journal qui a des bénéfices particuliers, *latéraux*, comme disent certains rédacteurs, peut se vendre à bas prix. On perd sur le prix de vente au point de donner l'abonnement pour moins que le prix du timbre seul, ou moins que le prix de la poste seule. On consacre même des centaines de mille francs en annonces pour appeler les abonnés. (Dans un compte-rendu à ses actionnaires, un journal accuse le chiffre de **400,000** fr. de frais de publicité, en une seule année.) La dépense permanente est érigée en système ; mais on se fait ainsi un public nombreux de clients, et on regagne tous ses frais au quintuple en commissions sur une mauvaise affaire qu'on lance, ou en gratifications qu'on se fait payer par ceux qui les lancent. Plus même l'affaire à lancer est mauvaise, plus on y gagne ! Les propriétaires d'une bonne valeur n'ont pas besoin de payer cher pour la placer. — Le journal qui n'a pas de ces bénéfices, ne peut pas faire autant de frais, ni soutenir la concurrence. Les abonnés ne lui viennent pas en nombre suffisant ; et, alors, forcé de céder la place à ses concurrents, il disparaît tôt ou tard, en laissant le champ libre à ceux qui vivent des moyens que l'*Éclaireur financier* a signalés.

On fait beaucoup de bruit à l'occasion du privilége des annonces judiciaires ! Mais que sont, grand Dieu ! les bénéfices de ce privilége, comparés aux profits que rapporterait le privilége de mentir et de tromper le public impunément par la voie d'un journal ?...

Tout propriétaire d'un journal, et j'en suis un, est donc fondé à se plaindre d'une concurrence déloyale, à se récrier contre une tolérance qui crée un privilége exorbitant en faveur de concurrents qui emploient des moyens dont, lui, ne voudrait pas user et qu'il n'aurait point, d'ailleurs, le droit d'employer. Il éprouve directement un dommage réel.

Et, toute personne exposée à être victime de la tromperie a qualité, aussi, pour se plaindre et se joindre à moi, Messieurs les Sénateurs, quand je demande la modification d'une loi qui permet les abus que je vous ai signalés.

§

(L'intérêt des Compagnies.)

Il n'est pas que les journalistes honnêtes qui aient intérêt, ainsi que le public, à voir adopter les réformes que je réclame. Les Compagnies honnêtes et les entreprises sérieuses y gagneraient aussi. Elles seraient affranchies de la nécessité de subir la loi des journaux et n'auraient plus à payer les frais d'un scandaleux chantage. Qu'on les consulte sur ce point.

Elles n'osent que très-rarement entrer en discussion avec les journaux. Elles dédaignent souvent de le faire. La Compagnie des Omnibus de Paris, forte de son honorabilité, qui est incontestable et des plus légitimement établies, s'est laissé naguère, sans s'en émouvoir, accuser de dilapidation ; et par quel journal ? Mais il résulte de cette manière d'agir qu'une partie du public, des actionnaires peut-être, sont victimes.

Avec le droit, reconnu à quiconque voudrait en user, d'intervenir pour exiger la rétractation d'une erreur *de fait* ou d'un mensonge de la part du journaliste, celui-ci ne s'exposerait pas à laisser apercevoir sa légèreté, son ignorance ou sa mauvaise foi. Là où les Compagnies se taisent, quelqu'un parlerait à leur place, et dès lors, les journaux ne pouvant plus être nuisibles, seraient rémunérés simplement pour le service rendu par les annonces, sans que les Compagnies fussent forcées, *comme cela se passe aujourd'hui*, de payer des frais qui grèvent l'avenir, et font souvent une mauvaise affaire d'une entreprise qui aurait pu être viable sous l'empire d'une loi protectrice des honnêtes gens.

§

(Conclusion.)

Il dépend du Législateur de faire cesser le mal, de mettre un terme à tant de scandales et d'abus. Le Gouvernement est intéressé, le premier, à sauvegarder les intérêts du public. On est si facilement injuste quand on a tout perdu; et on est en France si disposé à rendre les gouvernants responsables de tous les malheurs qui arrivent. Vous pouvez beaucoup, messieurs les Sénateurs, pour améliorer, sinon changer la situation que j'ai dépeinte. J'aperçois le remède dans une modification de la loi sur la presse. Peut-être le découvrirez-vous ailleurs. Dieu veuille que, dans votre sagesse et dans votre science vous parveniez à trouver la solution qui satisfasse le mieux aux intérêts du public, aux vœux des honnêtes gens, aux lois d'une concurrence loyale et légitime entre journaux, à l'égalité des droits et des devoirs des citoyens entre eux dans l'usage de la liberté de la presse.

En tout cas, la question étant posée, il vous incombe de la résoudre. Votre décision va tracer la ligne de conduite que les journaux auront à suivre à l'avenir. En France, pays de l'égalité devant la loi, vous ne sauriez vouloir, sous le règne d'un Napoléon, consacrer un privilége qui serait, pour quelques personnes, le droit de tromper autrui. Pourtant, que vous le vouliez ou non, votre décision, si elle était contraire à ma requête, serait considérée comme une autorisation d'user des procédés de publicité que j'ai signalés; si, même, bien des gens ne la présentaient pas faussement comme une approbation de ces actes et une critique de ma démarche.

A tort ou à raison, sous ce rapport, une part de responsabilité dans les faits à venir vous incombera donc! Et, en fin de compte, fût-il admis que la loi doive laisser à chacun la liberté de tromper le public, par la voie de la presse, cela ne serait pas plus mauvais que ce qui existe. Alors, le public, sachant au moins qu'il n'a pas à compter sur autrui pour la défense de ses intérêts, ni sur la crainte des lois pour contenir les auteurs du mal dont il pourrait être victime, serait rendu plus circonspect. Il deviendrait plus vigilant et ne s'endormirait pas dans la trompeuse confiance d'une protection et d'une sécurité qui n'existent pas réellement, aujourd'hui, dans la pratique des affaires.

SOURIGUES.

P. S. — Les exemples ne sont pas des hypothèses, mais des faits accomplis, sur la réalité desquels il ne saurait plus y avoir de doute. En même temps que j'adresse ma pétition au Sénat, je lui remets une collection de tous les numéros parus, depuis un an, de l'*Eclaireur financier*. Les faits que j'ai cités dans la pétition se trouvent consignés dans ce journal, à leur date, avec tous les développements et preuves qu'ils comportent. Je me tiens, du reste, à la disposition de la Commission qui sera chargée d'examiner ma pétition, pour lui fournir tels éclaircissements ou explications qu'il lui plairait de me demander.

Paris. — Typ. L. Guérin, rue du Petit-Carreau, 26